JN439765

박무길 시집

지평으로 서는 풍경들

국립중앙도서관 출판예정도서목록(CIP)

지평으로 서는 풍경들 : 박무길 시집 / 지은이: 박무길. --
부산 : 푸름사, 2015
p. ; cm

ISBN 978-89-94839-13-4 03810 : ₩10000

한국 현대시[韓國現代詩]

811.7-KDC6
895.715-DDC23 CIP2015031870

지평으로 서는 풍경들

·

2015

박무길 시집

지평으로 서는 풍경들

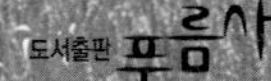

■ 시인의 말

시는 경험과 체험, 그리고 관찰과 생각의 깊이를 발상적 근원으로 환원시키는 감성을 매개체로 한 문학적 장르이다.

시를 써오면서 뜻과 이해의 공감을 넓히는 내용적 수사미와 묘사의 영역을 표준으로 꾸준한 목적의식과 자기성찰을 위한 작업을 해 왔으나 아직은 여러 변별력에서 많은 부족함을 느낀다.

이번 시집은 살아온 과정과 이력, 그리고 현재를 있게 한 나의 소사小史를 주조로 생生의 가치관과 존재론의 깊이를 각인시키는 데 주안점을 두려 했음을 밝힌다.

2015년 늦가을

저자 박 무 길

차례

제2부 경계를 서는 길

제3부 시간의 안과 밖

제4부 지평으로 서는 풍경들

제5부 늘 희망 같은 하루

제 1 부

바람에 꽃 지다

사람 사는 세상

정중한 인사로 뵈옵고
작정한 한 사람을 따라가면
곳곳에 기생하는 신변잡기들로
하루의 시간을 빼앗긴다
옳고 그른 얘기와 오금이 저린 얘기들
혹은 뒤가 구린 얘기들로
결코 하나가 될 수 없는
우리들의 일치할 수 없는 생존법
모두들 꿈을 위해
이상으로 핏대를 세우겠지만
도무지 목적한 해답이 없는 현실
시간은 가고 어긋난 약속은
어김없이 현실의 발목을 잡는데
나는 왜 이리도 혼자인가
해거름이 돌아오는 이 시각
갈 길 먼 방향은 이리도 어지러운데
어디서 내 목소리를 흉내내는
새들의 울음소리
서둘러 신호등을 건너는
24시의 일몰쯤

오늘도 새는

새는 슬퍼도 기뻐도
사랑놀음을 해도 운다

숲에서 창공에서
혹은 양지와 음지에서
안 보이는 한세상을 울음 우는 새여

오늘도 왼종일
마을 앞 늙은 정자나무의 온몸을 껴안고
그윽이 감미롭게 조율하는 하모니

이따금 서로를 불러보며 확인하며
아릿한 봄 햇살 아래
누군가의 애절한 사연같이
기다림 같이 종일 우는 새여

새싹 돋고 꽃 피고 바람 져도
사철을 한결같이 온 세상을 배경으로
누군가의 설운 한세상처럼
수직으로 수평으로 종일 우는 새여

태양초

혈기 왕성한 사내들이 벌거벗고
뒤엉켜 일광욕을 하고 있다

여름내내 땡볕에 몸 달군
핏기 아릿한 속살들

온 세상에 다 까발리고
시위하듯
하늘 높은 줄 모르고 곧추서고 있다

오장육부까지 벌겋게 익은 몸
얼마나 매울까
사내의 거시기처럼

삼포로 가는 길

갈맷길과 어울린 풍경들 사이로 걸어보면
그 어느 외국 관광지 부럽지 않아
스스로 어깨 으쓱해지는 곳
옛것과 현재가 공존하는
감동과 감격이 가슴을 관통하듯
그래서 더욱 존재감이 더한
미래가 보이는 곳
맑고 유려한 날이면
옛 우리 땅 대마도가 아슴히 보이고
어느덧 우리의 추억이 된
동해남부선의 폐선에
장산의 산비둘기도 내려와
곳곳 바다놀이터가 되는 곳
언제나 너와 나 우리들이 함께 어울려
깊은 시름 잊고 뜻있는 정신으로 소통할 수 있는 길
삼포 가는 길
미포 청사포 구덕포에 이르는
4.8km의 그 맑고 운치있는 길

하늬바람

오늘도 바람은 강물들과 나무들을
제멋대로 흔들어 놓고
바닷가에서 잔물결로 어울리다
뭇생물들 어루만지며
머나먼 산하를 유랑한다

일찍 핀 청보리밭으로
아직도 덜 익은 깨암나무곁으로
탱자나무 울타리 곁에서
수작을 걸다가
벌 나비와 꽃잠에 함께 들다가
종일 세상을 헤매며

오늘도 바람의 이름으로
제 그림자 벗어두고
뭇생명의 은혜가 되는
한시절의 그리움

겨울 빈 가지

겨울 빈 가지가
키를 한껏 세우며 통곡하고 있다

바람이 흔드는
낡은 잎새 몇 개가
악다구니를 쓰며 울부짖고 있는 산허리쯤
사람 하나 안 보이는
음지의 겨울 산행길에
저 소리높이 흐느끼는 장송곡으로
전장터처럼 처연한 몰골로
서 있는 나무들의 뼈가
서로들을 지키느라
양지로 옮겨가고 있는 엄동

자리를 빼앗긴 우울한 날의 어긋난 약속처럼
낙엽들 종일 울부짖고 있는 세한도歲寒圖

행복의 미학

행복은 바라고 소원하고
기도한다고 오는 것이 아니라
이미 그 사람의 마음 안에 둥지를 틀고 있다
그것은 계산이나 타산이나
어떤 궁리로 오는 것이 아니라
정淨한 마음 안에
하나의 존재론으로 벌써 자리하고 있는 것이다
자신을 낮추고 남을 배려하는 마음 안에
새싹처럼 움트는 전율 같은 행복
함께 하는 마음 안에 깃드는 고요 같은
위선과 자기만족을 위한 수단을 멀리 한
모름지기 자신의 마음에 스스로 깃들어 즐거움이 되는
무한한 영광 안의 평화 같은 거
나를 비우고 남을 우선할 때
비로소 내 곁을 지키는 한 불멸의 축복 같은 거
오늘도 내안의 화두로
나를 장식한 인물 같이

삼각주

하루가 순식간에 저물듯이
늦게 뜬 별들이 차례로 지나간 한 모순처럼
이쪽 저쪽에서 오는 물길이 엉기어
스스로 제 몸을 껴안고
하나가 되는 모래톱

강을 건너지 못한 억울한 바람처럼
뭍으로 오르지 못한
살아있는 것들의 어지러운 발자국소리
칠백 리를 저어온 물의 수위
서로의 허물을 용서하며
잔물결로 어울리는데

오후 3시의 비탈로 걸어가는 햇볕들
물의 둘레에서 지나온 강들을 하나씩 옮기며
물의 몸을 바꾸는 삼각주 부근

벤치

한 사람과 한 사람 건너
모르는 또 한 사람 사이
현실과 망각이 나란히로 있는 곳
아무도 관심주지 않는 영역에서
하나의 의문은 처절한 고통으로 울먹이고

사람들이 어둠을 사이하고
늦은 귀가를 서두르는 시각
서로의 방향으로 나뉘는
자유롭지 못한 건널목에서
사라져가는 모든 것들 이를테면
서로를 옮기지 못한 기별 하나
한 여백처럼 조심스러운데

최선을 다한 이 하루도
서로 엉겨있는 모든 것들의
낯선 영역에서 휴식을 위한 준비로
혹은 내일을 위한 거룩한 기도로 있는
빈 의자 하나 일몰에 스스로 지다

청사포

송림 사이로 바다의 허파가 숨쉬는
깊고 고요한 해녀들의 휴식처

나그네들의 우수가
잠시 세상이야기와 타협하는 곳
'그 옛날 용왕이 보낸 푸른 뱀이 찾아와
 여인을 용궁으로 안내하여 남편을 만나게 했다는
 전설의 그곳'

꼬부랑길 한참 내려 피안에 닿으면
물새들 울음소리 마음 끌어당겨
오늘의 화제와 먼저 화답하는 곳

굳은 맹세의 연인들
참한 언어로 어느덧 하나가 되어
미래를 약속하며
볼 붉히는 해안

바람에 꽃 지다

주위의 풍광에
잠시 넋을 잃고 있는 사이
능선의 바람이 온 산을 흔들었다
무수히 꽃들이 낙화하는 사이
우리들의 이야기 끝은 싱겁게 저물고
바람이 훼방 놓는 골 깊은 산
보이지 않는 새들은
나무들 위에서
아직도 사라지지 않는 오월을 붙잡고
호들갑을 떠는 사이
어디선가 늦게서야
먼- 마을을 건너는 호들기 소리
녹음들 비탈로 비탈로 옮겨가고
한 무리의 꽃보라들
못다한 한 시절을 서러워하며
가을처럼 지다

무균실

꿈꾸는 시험관 아기의 집
아슬아슬한 미량의 산소들을 부여잡고
그의 미립자와 세포들의 뿌리들을
일으키려 안간힘을 쓰며
알맞은 온도로 화등같은 눈으로
사방 경계를 서는 사이
모든 난관들을 해체시킨 시간들이
적당히 물오른 계절처럼
푸름의 싹들을 틔우고 있었다
순항을 위해 기다리는 모든 것들은
한 기별처럼 열리고
현재를 발설하지 않는 것들이
한 맹세로 어울리고 있는 이곳
신神의 축복 한아름으로
지금 우주를 통과하고 있다

빛 이야기

서늘한 그늘에서 빛 하나가 꽃꽃이
온 세상을 향해 포효하며
일상의 무거운 이름으로
서성이는 일각의 시간
수많은 날들을 아우성하던
오, 맑고 고운 햇볕의 양지여
자연과 물상 위에서도
순환의 원리로
세상의 거룩한 임자이듯 우뚝 선
쾌청한 날의 기백처럼
이제 그 빛 하나가 과녁을 통과하는
그대 이야기 깊은 곳으로 잠행하여
꽃으로 웃음으로
그대의 심오한 비밀 하나와 어울리는
이 아침의 빛 하나가

제祭

마을의 안녕과 풍년을 기원하며
제祭를 지낸다

약관의 나이 지나 불혹을 넘기고
이순의 나이 지나 어느덧 고희
벌써 많은 젊은이들을 거느린
앞자리의 좌장이 된
제당위원장의 몸
모든 것이 조심스러워
경건한 마음으로
온몸의 정성과 기氣를 모아
공손히 제를 지내면

어느덧 긴장된 온몸의 땀
쇠잔한 일흔의 나이
나 이후의 제당위원장 또래들이
오늘의 나를 눈여겨 보고 있는
새벽 제의 시각

아침까치

까치가 울면 길조라는데
아무도 오지 않는 적요한 이 아침
도심은 사람들의 숲에 잠겨 있다
숨쉴 여유도 걸음을 옮길 수도 없는 공간마다
매연과 공해로
모든 사람들의 얘기가 질서 없이 방황하는 거리
생존의 아귀다툼에서
피비린내 나는 생生의 전장터를 읽는다

언제부턴가 도시는 밤이면
정돈 안된 황톳길 같이
제멋대로 굴러다니는
시골의 흙과 모랫길의 그 시절을 꿈꾸며 산다
간밤의 비는 오랜만에
도시를 세면하고 떠나는데
까치가 울면 길조라는데
좋은 일 하나 없는 심심한 이 하루

바람 지난 맑은 공기 한아름 축복처럼 오다

꽃과 여인

빛깔과 무늬가 화사한 꽃들이
사람들의 선택을 기다리며
가지런히 진열되어 있는 꽃집의
오월 화사한 날
한 여인의 어두운 표정이
꽃을 닮으려 거울에 비친
자기 모습을 보고 있다
언제나 바깥으로 속삭이는
비좁은 그의 생각이
갈증처럼 꽃을 들여다보는 순간
꽃이 될 수 없는 그녀의 상처 깊은 우울이
한 비련처럼 쓸쓸한데
잊지 못할 이별 같은 한 사람을 생각하며
가지런히 정렬된 꽃들이
일제히 울음을 터뜨리는 오후
자기 안에 무수히 닿아있는 추억들과 함께
그녀는 화사한 일요일의 오후를 버린다

제 2 부

경계를 서는 길

촛불

깜깜한 밤 무언의 시위로
자기를 해체시키며
한 줄기 빛으로 세상을 여는
소리 없는 함성

– 한세상 깊어지는 이야기 사이로
  서둘러 어둠을 밝히며

온 세상을 향해
형체 없이 스스로 소멸해도
제 이름 하나 간직하지 못하는
처절한 보시

오늘 새로운 깨달음의 세계로
적멸에 들다

취업전선

한때는 알에서 갓 부화한 새로
어미가 힘겹게 물어준 먹이로
어깻죽지 깃털 한껏 부풀리며
무한창공을 나는 야망으로
설레던 몸짓

이제는 온실 밖의 낯선 세상
새내기들의 치열한 취업박람회장
무수한 인파들 속
꼭두새벽부터 풀죽은 모습으로
서성이는 이 하루

이제 곧 선택의 좁은 문으로
스스로를 체험하겠지만
멀고도 먼 인생의 가시밭길
눈 감으면
이 시대의 논쟁을 이야기하며
추억처럼 걸어가는
낯설은 자기를 보듯이

여름 초입

아침 숲속의 해맑은 이슬
선연한 햇볕 그늘 아래
속셈 깊은 사연처럼
영롱한 자태를 뽐내며
우아한 기품처럼
초록의 잎들 한결 분주한데

오늘도 마음 헹구며
더없는 푸른 하늘 아래
신선한 아침의 향기로
빛나는 저 순수의 미소를 닮으려
정한 마음으로 내 안을 다스려 보는
푸르름의 계절

언젠가 잊어버린 근황 하나가
서둘러 나를 깨우다

달력 한 장

달력 한 장을 떼어내자 세상에 숨어있는
산소들이 뼛속까지 발광체로
저마다 손 흔들며 아는 체를 했다
얼마나 많은 세월과 시간들을 속앓이하며
그늘진 곳에서 엉겨 있었을까
곰팡이 핀 숫자들 사이로
몇 개의 중요한 날들을 동그라미 치면
미처 선택받지 못한 일력들이
구석에서 상처받은 눈으로 쳐다본다
얼마쯤 시간이 지나자
나의 눈을 어지럽히는
근처의 모든 것들은 쓰러지고
또 하나의 숫자
맹숭맹숭한 나의 심장을 들여다보는 사이
이쯤서 들키지 않은 내가 포기해 둔 숫자들이
암호 같은 부호들로 나를 일으켜 세운다
하나의 명분을 앞세우며
새로운 달력의 중심에서
부활을 꿈꾸는 내가 어렴풋이 보인다

그 시절의 광안리

기백 년 전 하늘만 쳐다보고
운수소관하며 먹거리 타령만 하던 곳
우매한 농민들과 어민들이
가뭄과 태풍 때면 허기를 모면하려
십시일반 먹거리 모아 정성과 치성으로
곡식 모아 농토 구입하여
더욱더 농토를 넓히던 세월 언제던가
1960년대의 눈부신 발전의 광안리
재앙들을 극복하며 개발이 촉진되어
농토가 금金이 되자
김해 상동에 옥토를 구입하여
해마다 수확하는 곡식으로 일용하며
산신제 지내며 희망과 더불어 뜻이 되던 곳
세월 흘러 제당이 낡아 해마다 무속인 불러
제를 지내며 보수하고 단장하여
정성으로 불공드리며 천지신명께 기도하며
현재를 지키고 있는 광안리의 토백들
오늘도 그 시절의 광안리 생각하며
서로들 존경과 감사로 하나가 되는 곳

별 하나

깊은 밤 봉창너머
수많은 은하수 무리들
빠르게 흘러가는 유성 사이로
미동도 않는 북극성

여름날 학동시절
'평상에서 어머니의 옛이야기로
새벽잠 설치며'
꿈속에서 미래를 보던 그별

지금은 광활한 하늘에
한 사랑처럼 외롭게
저 홀로 온 밤하늘을 지키고 있는 나의 별

사막이나 밀림 속에서 길 잃은 자들이
물어 물어 생명을 구원하려
애써 찾던 북극성, 그 별

오월 바람

바람이 지난다
알맞게 숨이 차는 산속 오솔길을
숲과 나무들을 차례로 어루만지며
종일 햇볕 따라 하루를 건넌다
무르익은 꽃봉오리들 저마다
수줍은 마음으로 설레는 시절
온 산야에 곳곳마다 울긋불긋한 소리들의 하모니
바람이 지나는 곳마다 우우 일어서는
저 생기 돋는 풀들의 춤사위 따라
한참을 달려가니
청소년 수련원에서 들려오는
노고지리 같은 아이들의 웃음소리
미래를 꿈꾸는 청순한
메아리들의 통통 튀는 웃음소리들

광장 앞

종일 서로를 힘겹게 하던
어수선한 말들이
썰물처럼 광장을 빠져나가고
비둘기들 식구 귀를 쫑긋 세우는 노을 무렵
이미 떠난 사람들의 말을 경청하듯
시월의 풍경은 하루를 저무는데

광장의 후미진 곳 피곤한 노숙자 몇
잠자리 준비로 분주하다
한 사람의 마음 안에
한 사람의 눈물로 기억되듯이

모든 것이 추상화처럼 고뇌하는 시각
밀물처럼 하루를 건너는 사람들이
온전한 내일을 위해
오늘의 고뇌를 버리고
하루를 배웅하고 있는 역사 부근

서로의 허물을 용서하며
내일을 위한 긴 침묵으로
모든 시선들 시계탑에 머물고 있는
부산역 광장

입춘

숲과 나무 사이
한 무리의 햇살들이 온기를 나누며
새순 움트는 봄을 공평하게 독려하며
온몸 골고루 나누어주는 자양분
종일 이리저리 옮겨다니며
바람과 열애하듯
생기 돋는 강나루

새들 부지런히 울음 우는
근처의 포플러 나무 높이에서
가만히 몸 부풀리고 있는
물안개들 사이로
간지럽 태우는 햇살처럼

긴 겨울의 허물을 용서하며
한 이야기의 끝처럼
긴밀히 길어서는 강변의 봄

살다 보면

부지런히 살다 보면 나이를 잊게 된다
백 사람 곁에서 백 가지의 생각이 머물듯이
살아생전에는 그 사람의 올곧은 뜻과 이해를
미처 헤아리기 어려웠지만
언젠가 그 사람이 떠나고난 뒤
더욱 기억되는 생전의 그분의 품위
은은한 향기로 오래 간직할 수 있는 온유한 그 말
지금처럼 각박한 세상에서는
자기 혼자 몸도 간수하기도 힘든데
벼랑 끝 선택의 길은 한번쯤 더 올까
굳센 의지로 하루를 가꾸는 오늘
나에게도 먼 훗날 오롯이 기억되는
지혜로운 언어 하나쯤 가질 수 있을까
세상 살다 보면
누군가 마음 안에 긴요히 담을 수 있는
뜻 깊은 생각 하나
후세의 사람들이 기리는 그 말씀 하나
오늘 각별한 신앙처럼 은혜로 새기다

해맞이

동해바다가 끓고 있다
이글대며 타는 바다 위
갈매기 무리 가이없는 하늘 위로
미처 날은다

우리들의 얼굴이 불붙고
마침내 아득한 수평선에서 용암처럼
피 끓은 불덩이 하나
점점이 승천하는데

누만의 사람들의
원시적인 함성소리 소리들
모두들 감격으로 한아름의 불덩이를
가슴 안으로 붙들고 있는 간절곶 바다

오늘 저마다 희망 하나 짐진
뭇소문들이
첨벙첨벙 동해바다의 기슭을 건너다

범바우골

해 뜨면 물바람 해무로 엉기면
온 바다에 지천으로 뜨는
괭이갈매기들의 울음소리 들으며
바다로 농토로 노동을 가는 어른들 보며
또래들과 모래 쌓기와
색깔 무늬 고운 조개잡이로
하루해를 보내며
보트 사이 사이의 술래잡기로
시간 가는 줄 모르던 동심의 시절

지금은 거대한 마천루 사이
오색영롱한 네온사인이 장식한
21세기의 최첨단 문명이
곳곳마다 숨쉬고 있는 그 바닷가 보며
인생무상과 덧없는 나이를 셈하며
세월의 무게를 짐지고 걷네
눈 감으면 미래의 후손들 언뜻 보이는
광안 그 바닷가의 풍경을 보며
오늘도 하루를 운명처럼 사네

후리막*의 횃불

광안바다에서 밤을 밝히는
후리막의 횃불 사이로
오밤중 우렁우렁 육지로 저어오는
밤물결 소리를 듣는다
달빛 여문 그늘 아래
창밖의 별무리와 어울려
어촌을 밝히던 횃불들
한결같이 낮과 밤을 저어오던
검푸른 물결소리
용왕을 만나던 꿈을 밤새 뒤척이다
나도 동해바다의 심해가 되어 출렁인다
새벽도 한참 지난 시각
아무도 없는 바위섬 근처의
후리막의 횃불들 꿈속처럼
용오름으로 하늘로 하늘로 오르는 새벽쯤

*후리막 : 후릿그물이라고도 하며 강이나 바다에 둘러치고 여러 사람이 벼리의 두 끝을 끌어당겨 물고기를 잡는 그물.

배냇골

계곡마다 어울리는 물소리 곁으로
먼 숲을 건너온 청정한 잎새의 바람에
정신을 빼앗기다
빼곡한 삶의 더하기로 피로한 오늘
능선으로 오르는 들불처럼
여름이 타고 있는 유월 염천

산기슭에 어리우는 구름들
오래된 바위와 늙은 나무들은
어느덧 깊은 명상에 들고
바람을 동무하며 걷는 오솔길
가만히 그림자를 지우는 오늘의 목록들

이 산 저 산 계곡마다 메아리로 오는
멧새들의 울음소리들 벗삼아
내일의 약속들을 마무리하며 하산하는
이승의 선경 같은 곳
모든 것은 수직으로 수평으로
햇볕의 이마를 만지고 있는 유월 염천

이 시각

어느 날 생각 하나를 아득히 짐지고
골몰한 시간에 잠긴다
'시계는 살 수 있지만 시간은 결코 살 수 없듯이'
오늘 하루 나는 무엇으로
최선을 다했는가

목적한 해답은 결코 나오지 않고
나를 옥죄는 이 시간 이후의
암호 같은 불안한 시각

이윽고 나를 지키는 모든 것은 떠나고
아직도 물음 하나의 화두로
오리무중인 나의 출구는
꿈속으로 머물고 있는데

나의 회상처럼
오후 3시 10분의 비둘기 한 마리
아까부터 교차로의 신호등을 붙잡고
빨강 파랑 노랑의 울음 울다

경계를 서는 길

어디선가 항상 열려 있는 길
단순한 노동처럼 풍경들과 어울려서
어둠과 빛이 깃든
바람을 동무하며
종일 속내를 보이지 않는
우리들의 이름 아래
운명처럼 다리를 놓고 있는 길
이쪽과 저쪽과 어울려서
온전한 하루를 위해
치밀한 내일을 열어주며
풀씨 하나의 이름에도
제 키를 넘어 풀썩 일어서
자리를 내어주는 소통의 길
의무처럼 약속한 시간 헤아리며
사철 돌아오지 않는 물음을 위해
해 저물도록 기다리는 길
언제나 하늘 우러르며
땅끝까지 경계를 놓치지 않는 길

제 3 부

시간의 안과 밖

한세상

가끔 나이를 헤아리다
문득 그때 그 시절이 새삼 생각이 나듯이
즐겁고 유쾌한 날들과
고통스럽고 아쉬운 날의 상처며
후회와 각별한 인연으로 오던 날들
다시 오지 않을 그 세월 속에
늘 어긋나기만 하던 한 비애 같은 시간들

아직도 못 잊을 생각 하나
한 물음표 간직하며 세월 헤아리는데
내 나이 곁으로 소리 없이 지는 낙엽들
가끔은 거울 보듯
지난 발자취와 흔적들 되돌아보기다
나를 통과하는 우울 같은
시월의 빈 마음처럼

어머니

항시 언제 어디서든지
조용한 말씀으로
현재를 다독이시던 어머니

어떠한 난제라도 우리 형제들에게
함께 하는 해결책을
웃머리에 두시던 어머니
언제나 문장 가득히
교훈적인 말씀으로
가난과 배고픔의 시련의 시절에도
굳은 심지로 든든한 용기를 주시던 어머니

그 어머니 너무 크시고 넓으신
품 안의 정靜한 말씀
후제 어느 자식 어느 뉘가
옛이야기처럼 들려줄까

뻐꾸기

오월 뻐꾸기가 꿈을 꾸듯 운다
규칙적인 울음으로
등산객의 길잡이가 되는 아침
늦잠꾸러기 까마귀는 보이지 않고
오솔길 사이사이로 간격을 좁혀가며
오월 뻐꾸기가 인사하며 따라오는 산행길
간간이 앞서가며 재롱을 피우며
여울물 신나게 따라오는 지름길을
산골들 어울린 바위 틈사이로
등산객을 앞서거니 뒤서거니
요령껏 잘도 따라오는 뻐꾸기들
온 산의 주인처럼
규칙적인 울음으로
등산길을 안내하는 오월 뻐꾸기가
이 산 저 산 옮겨다니며
녹음들을 서둘러 깨우는 봄 봄

삼포로 가는 길 1

빼어난 풍광들이 더없이 좋아
휴일이면 어김없이 유랑처럼 떠나는
미포 청사포 지나 구덕포 가는 해변길
물새들의 고요의 잠을 깨우는 물사위와 함께
더없이 아름다운 정경 벗하며 걷는 삼포 가는 길

갖가지 위락시설과 조선의 맛집과
더러는 해장국집이 다소곳이 어울린
해변의 맨 끝자락
해와 달들도 알맞게
차양과 그늘도 반겨주는 곳

사철 그 정취에 취해 닿는 발길
쇠머리국밥과 쇠주 한잔이 일미인 삼포 가는 길
가도가도 서로 다른 풍경들과 어울려
오늘 하루의 수심도 내려놓고
마음 비우며 사색에 잠기는 정겨운 길
오늘도 귀 기울여 세상이야기와 소통하며 걷는
삼포 가는 길

가을 연꽃

연잎에 영롱한 이슬방울들
새록새록 돋는 듯하더니
어느덧 둥글게 굴절되며 쓰러진다
벌써 가을 떠날 채비로 분주한
잎맥들의 우울처럼
여남은 개 남은
연잎 봉오리 곁에 오수에 든
부처님 한 말씀 건너다
'깨달음 얻기 전에 세상 떠나니
스스로 먼저 마음 비우라고'
서둘러 봉오리 거두어들이는
가을 연잎 위에
낯선 새들 억울한 듯
가을을 종일 울다

인생 후반전

시간 지나 세월 지나
어느덧 인생반환점을 돈 지금
꿈꾸던 한시절의 야망은 이미 옛날이 되고
막연한 기대는 허무로 쓰러지고
인생못난이처럼 자꾸만 자신이 부끄러워
이미 지난 날로 회귀할 수 없는 과거들
자꾸만 남의 탓으로 운명으로 치부하는
소심증만 더하는데

지금도 마지막 불씨처럼 반짝이는
기회 또 한번 있을까
애써 든든한 마음 가져 보지만
이내 체념하는 나이
살아온 날들의 자취와 흔적이
흔들리지 않는 나를 있게 한
오늘이라고 스스로 위로해 보는
인생반환점의 나이

꽃의 절멸

한때는 저리도 눈부신 꽃망울로
서로 시샘하며 엉기어
빼어난 모습 자랑하더니
어느덧 추한 몰골로 수명을 다하는구나

우리 인생도 한세상 살다 보면
죄인 아닌 사람이 어디 있으랴
나는 너로 인해 한 양식을 얻고
너는 나로 인해 참인생의 교훈을 배우고
서로의 화火를 다스리며 살았구나

부질없는 모습처럼 한 사랑이여
이 모두를 극복하는 것이 진리일진대
그대 꿈의 잠으로 나를 일으켜다오
이 세상 끝까지 수없이 생략된 우리들의 삶
너와 나도 알고 싶은 한세상 한 삶을

오늘 한 무리의 꽃 억울하게 지다

아파트 계단

아파트 층계를 오른다
마치 남의 지붕을 밟고 오르는 것 같다
한 발짝 걸음을 옮길 때마다
누군가의 등뼈를 밟는 것처럼 아찔하다
작은 소리에도 하루의 자존심을 침해하는 것 같아
온몸이 움츠려든다
고장난 승강기대신 내 발의 동력과
온몸이 움츠려드는 지금은
지상 몇 미터쯤일까
면식있는 불빛이 길을 놓는 쪽으로
아파트 계단을 힘겹게 오른다
시간을 차례로 지나는 점령군처럼
구조물들이 아프게 아프게
나를 바라보고 있는 사이
지상 120m 높이에서
하늘을 밟고 기승을 부리며
오늘도 또 다른 지구를 만나다

구덕포

그 옛날 송정 끝부분
이름 없는 한가로운 어촌마을
옹기종기 서로의 피붙이 정붙이로
촌락을 형성하던 곳

한 역사가 오롯이 지나
여기저기 알맞게 밀집한
맛 자랑 식도락으로 어느덧 명소가 된 곳

그 옛날 매년 음력 정월 14일 자정이면
용왕제와 거릿대장군제를 지내던 곳

서로의 나눔과 이해의 깊이로
가난을 극복하며
맛자랑으로 일미가 된 그곳
오늘도 피안에 닿는 파도의 그림자를 잡으려
옹알이로 옮겨가는 물결의 무늬들
하루를 설레는 포말로 오다

아침의 새가

새가 이쪽 저쪽에서 아침을 깨운다
아파트 베란다로 건너온 나무들의 숲
낭창한 가지 끝에서 메아리로
서로의 안부를 묻듯 화답하며
아침을 지키는 하모니

오늘을 산책하는 경쾌한 사람들 사이
간밤의 소식을 서로 묻고 화답하듯
가진 자와 없는 자
혹은 아직도 삶을 정착하지 못한
서러운 나그네의 울분같이

이쪽 저쪽에서 편을 가르며
더불어 세상사는 공존을 얘기하며
이 아침 새가 아침을 깨운다

시간의 안과 밖

시간 안에서 시간을 극복하는 사람이
이 세상의 임자가 되듯이
시간은 언제나 시간 안에서 미래를 본다

파아란 꿈의 이상형처럼
오늘도 시간은 족보처럼 단단히
미래를 위해 하루를 섬기는 시간

서로가 만나고 헤어지고 그리워하는 사이
시간은 자기를 단련시키며
서로들의 위안과 안식을 위하여 행복처럼
머나먼 행로 안에서
수없이 분열하고 탄생하는
역사의 순간을 만들며
존재의 가치 안에서 생성되는 긴요한 시간

촌음을 아끼는 자만이
성공의 지름길을 갈 수 있듯이

세월의 무게

이 아침 거울 속에 고목의 나이테처럼
처연한 몰골의 형상으로 굴절되는 나를 본다

청운의 꿈으로 가슴 설레며
무섬증도 없이 달려오던 세월 언제이던가
어쩌면 지나온 무모한 세월들
후회와 앙금으로 남아
오늘도 나를 더욱 숙연케 하는데

그대여
이 가을 저 나부끼는 낙엽들처럼
처연히 나를 앓는구나

그 시절 누구도 범접하지 못할
나의 희망들은 어디쯤 갔을까

우리 시절을 비껴간 수많은 추억들
이 하루 습관처럼
거울 속의 나를 허물다

자유의 존재

자유는 언제나 내 발목을 잡고 있다
천근만근의 짐같이
생활의 길목 깊숙이
인생 혹은 세월 속에 자리하지만
지나치면 오히려 화근이 되는 자유

처음부터 영양소같이 내밀히 존재하지만
언제나 고난 뒤에 환생하는 자유
늘 행복 곁에서 이상을 꿈꾸는 자유는
수많은 난제와 인내를 극복하는 자만이
누릴 수 있는 행복의 근원이다

보아라 이 하루도 자유 곁에서
모든 것이 소멸하고 부활하고 있듯이
자유는 자유 안에서만 산다

봄소식

능선을 건넌 산비알 아래
그늘을 만지던 해가 비스듬히 눕는다
올해의 봄은 무척 수척해 보였지만
부피가 작은 꽃망울 몇 개를 보며
수직으로 내리는 새들이
그래도 봄 푸른 희망처럼 조잘대고
가지런히 흘러가는 여울물 소리 뒤로
신나게 아침을 업고 마을에 닿는
푸르른 능선의 봄
기나긴 겨울을 물리치며
서둘러 양지로 발돋움하는 이른 봄

자연의 마력

도심에 살다 문득 시골에 가면
스스로 만들어지는 문화를 본다
철지난 바람을 거느리고 바라보면
도심처럼 인위적으로 만든 정교함이 아니라
자연 그대로의 비바람과 풍화와
삶의 조각들이 기후와 함께 이루는
아늑한 평화 같은 거
사람들의 열과 성의가 다하지 않더라도
누가 간섭하지 않아도
스스로 시간이 세월이 공유하는 문화
자연들이 주인공이 되는 그런 조화
내부에서 건너오는
손상되지 않는 그리움 같은 거
우리 마음 안에 존재감을 더하는
평화가 거기 있다 시골에 가면
말없이 고요를 섬기는 이 하루
맑고 그윽한 산그리매로 함께 어울리다

고독 이야기

우리 주변의 모든 것들은
서로를 경계한다
스스로를 지키기 위해서
혹은 좀더 앞서 가기 위한 긴장으로
벌써 잊은 시간도
절정이 지난 빛의 고독처럼
순간을 섬기면 운명처럼 오는 기회
문득 하루의 비망록을 열람하면
빼곡한 지난 시간들 안으로
비로소 얼룩진 하루해가 보이고
그림자 더욱 깊은 곳으로 쓰러지는
한 비애처럼
그대를 건너지 못하여
가슴앓이 하는 허상이 보이는 하루
어디로 갈 것인가
나를 경계하는 모든 것의 시야 안에서
오늘도 나를 허물듯이

제 4 부

지평으로 서는 풍경들

바다와 육지 사이

수억 년의 모진 비바람에 풍화된 저 갯바위
깎이고 침식되고 무너져
비늘마저 털어버리고 의연히 서있는 저 위용
우리들의 세월 노젓는 지느러미처럼
아슬한 곡예처럼 몇 개의 구릉너머
바다 저편으로 아득히 길 하나 보이는 지평선
외다리로 서 있는 허수아비처럼 노송 한 그루
불안한 하루의 생활처럼 저물고
바다와 육지 모두 한꺼번에 가슴을 앓는
세월의 중량처럼
우리가 살면서 살아가면서
마음 닿을 것 하나 없는
아슬하고 고단한 삶 하나
지금 벼랑 끝에 서있다
바다와 육지 사이 모든 것은 휴식을 내려놓고
이승을 차별없이 사는 연습 중이다

가을 전어

부드럽고 고소한 맛이
더욱 입맛을 돋우는 가을 전어
'집 나간 며느리도 돌아온다는'
더욱 감칠맛 열 가지로 소문난
엷게 썰어서 회무침의 덮밥으로
혹은 소금 뿌리고 간맞은 조미료로
구운 전어에
소주 한잔이 일미인 가을전어

때로는 갖가지 채소로 버무려
양푼이 한가득
온 식구의 별미가 되는
회비빔밥의 군침 도는 그 맛
성질머리 하나 고약해서 금방 죽어도
사람들마다 가을이면
전어 타령으로 몸살 앓는 그 맛

인생도전

시간과 시간 사이
타협과 공존이 존재하듯
인생 절정의 기회가 세 번 정도 오듯이
가끔 지난 시간이나
오늘의 시간을 잊고
붙박이 시간 하나쯤은 가질 일이다
시간과 시간 사이
무릇 환희와 절멸의 순간에서도
세월의 무게 가늠하며
스스로의 체온이 전도될 때
다시 한번 도전해 보기다
물 맑은 바람에 섞이듯
더욱 이상형의 세상 꿈꾸며
하루의 도표를 새로이 완성하듯
차마 이대로 침몰할 수 없어
오늘도 피끓는 완성을 위하여
목구멍 사이로 불덩이 하나 삼키는 아침

살아남기

큰것과 작은것의 사이에서
용케도 살아나는 무수한 눈동자들
키큰 나무 아래
꼽사리낀 작은 풀잎들의 창백한 얼굴들
큰것의 먹이가 되는
작은 미물들의 처절한 살아남기
척박한 이 세상에 피땀과 고통으로 연명하는
사람들과 무엇이 다르랴

일렁이는 바닷가의 외진 갯바위 하나
종일 파도에 서럽게 서럽게 두들겨맞는 것도
태생적 운명이려니
누굴 애써 원망하랴

노을 붉게 지는 서산의 햇무리들
그래도 오늘 하루의 세상을 읽고
촌음을 아끼며
마음 비우며 분수처럼 살라 한다

지평으로 서는 풍경들

모두 다 떠나고 홀로 남은 빈 들녘
이읏고 비명처럼 노을이 지고
성자처럼 홀로 서있는 허수아비 몇 개
바람이 흔들어도 새들의 놀이터가 되어도
묵묵부답으로 있다

시간이 더하여 그의 하체가
밤의 어둠으로 사라질 때까지
미동도 않는 적요와 함께
시름에 들고 있는
얼룩진 상처의 쇠잔한 풍경들

근처의 모든 살아있는 신기들은 어디로 갔는가
한 해를 이룩한 모든 것들은 어디로 갔는가

수확과 결실을 부지런히 챙긴
승자의 저- 편안한 안위여
비로소 가벼워진 그대의 소식만큼
이따금 꿈속으로 오는 허상들
온 지평에 물구나무로 서다

광안리 바다 부근

한 시절 내게 청운의 꿈으로 설레던
범바우골 광안리
가이없는 청옥빛 수평선과
더없이 푸르른 하늘 보며
한 기망冀望과 낭만이 넘쳐나던 곳
동東으로는 몽돌과 조약돌만 쌓였던 널구지*
남南으로는 가슴 서늘한 공동묘지의 죽은골*
그곳에서 자칭 해방 대통령이라는 도인풍의 노인이
손수 땅굴을 파서 수도하던 낯선 시절
바다 쪽에는 경관이 좋은 돌섬이 있어
다양한 해산물이 풍부하여
소싯적 소풍놀이가 안성맞춤인 곳
종일 공동묘지 주변에서 새총놀이며 고동 성게 잡아
불 피워 끓여먹던 철없던 시절
어느덧 천혜의 관광지로 위락시설로 탈바꿈한
그 옛날의 한시절의 광안바다 부근
먼 데 널구지 죽은골의 우뚝 솟은 마천루 보며
한백년 세월 미리 회상해 보는 오늘

*널구지 : 지금의 민락동
*죽은골 : 당시 공동묘지가 많던 남천동을 일컬음

강과 산

강과 산은
허파와 심장 같은 지킴이로
이 지구에 영생한다
묵묵한 하루를 인내하며
수억 겁의 세월을 정연한 위치에서
서로의 은혜처럼 산다
새로운 역사들 잉태하며
미로 같은 후세의 영광을
각별히 나누어주며 혹은 감별하며
산자의 유일한 증언처럼
혹은 서로의 적의처럼
영원한 한 불멸로
이 지구에 산다
강과 산은

자물쇠

굳게 잠긴 녹슨 자물쇠 하나가
나를 노려본다
이유를 말하지 않은 채 언제부턴가
입 앙다물고 노려보는
저- 소름 돋는 광기

그 안에 무슨 비밀한 사연을
옹고집처럼 감추었을까
비굴한 모략과 중상 가두어놓고
기회만 저울질하고 있을까
혹여 세상을 바라보지 못할
양심을 가두어놓고
한 적의를 꿈꾸고 있을까

언제나 비밀스런 그 집 앞을 지날 때면
소름 돋는 녹슨 자물쇠 하나가
원수의 입처럼
입 앙다물고 노려보는
저 집의 임자는 누구일까

언어들의 세계

언어들은 늘 아프다
자기 갈 길의 방향을 놓쳤을 때
이유들의 변명을 잘못 인식했을 때
잘 벼린 칼 하나의 아픔으로
늘 눈을 숨기며 자기완성을 위해
집중하는 저- 투시

위로는 하늘 아래로는 땅끝까지 번져가는
사람 안에서 사람들이
경청하는 언어들의 표적
비로소 심심해질 때 아픈 언어들
스스로를 무장해제 시킨
과거의 언어들을 후회하며

스스로를 지키기 위해서
오늘도 언어들은
하나의 승부를 위해 길을 나선다

이 아침 그들을 무너뜨린
무섬증을 위해
말귀 고요히 길을 헤맨다

요즈음 세상

어쩌란 말이냐
이 한세상 살아가려면
오만가지 비위로 자기를 위장해야 한다
굴종과 아첨으로 맹신과 추종으로
나 하나를 간수해야 하는
참으로 비겁한 한세상
때론 범접하지 못할 위엄과 권위로
나를 무장하고
철벽같이 지켜야할 자존심

적당한 웃음과 비위가 양념이 되기도 하는
오오, 천의 얼굴로 살아야 하는 이 세상
겁보처럼 울 수도 없는
벼랑 끝에 서있는 요지경의
참으로 무서운 이 세상
결코 허물 수 없는 벽같이
무거운 시간을 짐진 이 하루
오늘도 왜소한 나를 움직이려
안간힘을 다하는 이 하루

명예

용기 없는 이십대가 늙은이고
용기 있는 육십대가 청춘이란 말이 있듯이
어느덧 나이 드니 새삼 초롱한 날들의 추억들
가끔 우울한 날의 그리움이 된다
실기한 날의 아픔도 더러는 이루지 못할 꿈도
조금은 비울 수 있는 여유로 보는 세상살이
새삼 대견하다는 생각이 드는 나이

집착할 소유도 상처받을 일도 별로 없는
지금의 나이
내 생애의 축복을 준 근원지인 이곳에서
몇 개의 후회를 거느리고
되돌아보는 한 시절들
그때는 모두가 야망이었고 최선이었고
생애의 전부였지만

지금 그 세월 다시 온다면
작은 것도 진부한 물음으로 숱한 난제들 극복하며
내 이름 하나 빛나게 간수할 수 있으리

가족

언제나 내 안에서
큰 사랑과 그리움으로 오는
혹은 희망과 행복의 근원으로
하늘이 주신 분신들
때로는 인내와 고통으로 지샌
힘겨운 한세상도 극복할 수 있는
무한한 영광으로 용기를 준
현재를 가꾸는 아름다운 영광이여

세월 가도 꽃으로 피는
한마음 한뜻 하늘이 내린
서로의 지킴이로 등불이 된
축복 한아름이여
오늘도 기도 하나의 말씀으로 오는
우리들의 인연들
올곧은 뿌리의 희망으로
서로의 거룩한 이름들을 지키다

봄, 장산

장산에 오르면
우선 경건한 마음 안에
초록의 향기로 밝아오는 가슴
가고오는 사람들 묵언의 인사로 뵈옵고
세상사는 보람을 만지며
아찔한 솔향으로 하루의 피로도 물리치는
저 해운대의 물사위처럼 경쾌한 이 하루

작은 얘기도 그대와의 교신도
산의 오묘한 숨결이 느껴지듯
편안히 마무리되는 하오
각박한 세상살이도
영롱한 풀잎 하나의 명상으로
정화되는 곳

오늘도 너와 나의 근심도 부화 하나도
풋풋한 인정과 어울려
올곧은 희망 하나로 마무리된다
장산에 오르면

우울한 날

마음속까지 검게 탄 우울한 날
문득 광안바다에 가본다
아직도 사람 하나 안 보이는 매서운 엄동
조밀한 물결들 양지 곁에
언뜻 소싯적 얼굴의 내가 보인다
버려진 어촌의 아수룩한 갯마을 초가들 사이로
또래들과 신나게 촐랑대던 그 시절
물결이 순간 물에 얼비치던 내 얼굴 지우자
반백의 주름진 늙은이 하나
쓸쓸한 자기를 들여다보고 있구나
오오 바다 안에서 나의 우울은 마침내
노을 속에 은은한 그리움처럼 저물고
한때의 물새떼는 겨울해를 옮겨놓고
청옥빛 광안바다와
늙은이의 시름을 함께 달래고 있는 일몰쯤
분수 모르게 먼 바다를
헹가래치던 소싯적의 내가 문득 보인다

바보

그는 도무지 표정이 없다
정녕 아무것도 생각하지 않는 것일까
언제부턴가 잃어버린 자기를 찾고 있는 것일까
아니면 아무도 모르는
커다란 수작을 꿈꾸고 있는 것일까
아니다 말없이 모른 체해도
결코 생각이 없을 리 없다
너와 나도 보잘것없는 생각과 계산으로
하루해를 셈하는데
무슨 편린을 가지느냐
도대체 내일을 알 수 없는 우리가
그의 말없는 궁리를 어찌 예측한단 말인가
수많은 언어를 가지고도 내색하지 않는
그의 깊은 꿈은 무엇일까
도무지 알 수 없는 그의 속셈을 꺼낼 수는 없을까

새들의 자유

풍경으로 물들고 있는 시월
새 한 마리가 커다란 바다를 품고 날은다
해풍이 잦아들수록
더욱 아득해 보이는 해운대 하늘
온 하늘을 차례로 점령하듯
그의 품안에 온 세상이 있다고 느낀다

보이는 것 듣는 것 아무것도 없는 광활한 우주
어느덧 장산에서 억새풀을 흔드는 새들
미명을 장식하던 새털구름도 점점 멀어지고
아무런 두려움 없이 온 하늘의 임자가 된
새 한 마리가 고요에 귀 기울이며
온 하늘을 떠돌다 이 세상을 포용하던 새들

신神의 말씀으로 달맞이언덕
와우산 아래 근엄한 풍경으로 내리다

제 5 부

늘 희망 같은 하루

나비 한 마리

그리도 참한 줄무늬의 나비 한 마리
봄을 거스르며 내게 날아왔다
그 하늘 아래서 본 미물들의
가슴 아픈 이야기들을 소곤대며
한낮을 서럽게 서럽게 울고 갔다

꿈에도 닿을 수 없는 그 하늘 우러르며
공해 없는 하늘
황사 없는 하늘을 가리키며

우리가 옛하늘을 기리듯이
비온 뒤 선연한 칠색무지개 동경하듯
억울한 하루를
서럽게 서럽게 조곤대며 갔다
이 아침 줄무늬의 이쁜 나비 한 마리가

약

약은 아름답다
빨강 파랑 노랑, 오, 눈부셔라
그 아름다움의 경계 근처
수천의 근심이 상처가 구원을 말하며
긴장으로 밤을 샌다

형형색색의 금빛 은빛 구슬같은
저 눈부신 영롱한 색상
아무도 흉내내지 못할
무시무시한 위력으로 입 앙다문
생生과 사死의 주체가 되는 분명한 그 이름

약은 오늘도 스스로 기도하며
영원의 상생을 말하는
'사랑의 열매다'

해와 달

세상에서 살아있는 것 죽은 것 모두
해와 달 하나씩 거느리고 산다
탄생과 주검 사이
혹은 소멸과 부활 사이
쓸쓸한 기억의 둘레를 어루만지듯이
지구의 어디서나
문명지나 미개지나 원시림에도
운명처럼 지키는 해와 달
언제나 한 자유처럼
난해한 미로를 건너듯
물방울의 입자같이 선연하게
아슬하게 하루를 건너며
24시를 공평하게
우리의 지킴으로 온전한 해와 달

과거

이동대는 모든 것들이
시절을 되돌릴 수 없듯이
언제나 혼자인 과거는 쓸쓸한 날의
고독과 외로움 혹은 불협화음 속에서도
홀로서기로 언제나 이승의 웃머리에 있다

가령 잊은 기억으로
그의 이름을 떠올릴 때면
비로소 존재의 가치로 부활하는 과거
과거는 한 생애의 나의 일부이며
미래의 영원한 물음표로
혹은 불안한 나의 스승으로
이 시각도 이승을 함께 산다

파시 풍경

멀리 간 기적소리처럼
마지막 밀물이듯 이미 지난 시각
어부들은 오늘을 계산하며
지전을 부지런히 주머니에 챙겨넣고
피붙이 살붙이들의
안부를 불러보는 해거름

지난 그리움들은 스스로를 위안하며
아직도 두려움 속에 썰물에 밀려나고
삶에 지쳐 바다 끝까지 몰려온 가난이
울컥울컥 하루의 시름을 토하는
물길이 제 몸을 헹구며
꽃불로 일어서는 파시의 일몰

어떤 여유

마치 경주말이 골인지점을 향해 달리듯 바쁜 이 하루
피로를 누일 기회도 없이 일해야만 인정받는 이 세상
언제나 등 떠밀려 앞선 사람 따라가노라면
나의 이름도 잊기 십상인
매양 정신을 놓고 사는 이 세상
하루 종일 넋이 나가도록 일해도
내일을 미리 기다리는 태산같은 일들
뒤돌아볼 여유조차도 사치인 각박한 한세상

가끔 여유로운 사람이 그립다
더러는 머언 구름 한 점에 마음을 빼앗기며
저 홀로 명상에 드는 사람
기회와 도약의 시기도 가끔 양보하며
때로는 삶의 시련과 고통도 함께 나누며
가던 길 멈추고 한번쯤 생각을 내려놓고
뒤돌아보며 여유를 가지는 사람
진정 그런 사람이 그립다

자손들

금지옥엽의 자식들을
실헌 울타리 둥지 속에
애지중지 보살핀 한세월 지나
어느덧 성장하여 차례로 분가하니
애절한 그리움에 목이 메는구나

지금은 부부 둘만 오롯이 남아
이 얘기 저 얘기로 지난시절 곱씹으며
동무처럼 한세월 사네

오늘도 할미 할배가 그 옛날이 그리워
속울음 삼키며 피붙이 살붙이들 이름
불러보는 심경 알기나 할까
이 하루 이 시각 무시로 탈없는
무사안녕을 기원하는
할미 할배의 애끓는 심정을 알기나 할까

벽난로

살을 에이는 모진 겨울
나무토막들을 불길에 던진다
불길에 장작더미가 던져질 때마다
나이테의 아픈 울음이 통곡처럼 절규하는데
불꽃이 광란처럼 춤추고
어둠이 한 발짝 물러나는 사이
가슴에 엉긴 한시절의 얼룩진 상채기들
한 소멸처럼 불꽃으로 어울리는데
이윽고 화염이 벌건 해를 널름대는 비명의 순간
나를 짐진 한 고뇌가 불길에 쓰러지고
근처의 모든 것이 불에 잠기고
자기를 태운 시뻘건 불꽃에
얼룩무늬로 남는 나이테들
소름 돋는 유언을 남기는
그림자 깊은 나의 상처 깊은 과거들
유령처럼 불의 갖가지 모습으로 침몰하는 이 순간
지난 과거가 언듯 쓰러지는 사이로
꿈인듯 생시이듯
나를 부축하는 내가 보이는 새벽쯤

죽마고우

은근한 솔향 뿌리고 금세 달아나는
하늬바람 한 줄기처럼
서로의 허물 근심 눈치채고 감춰주며
때론 엇박자로 화내고 열 받아도
돌아서면 금방 잊는 사이

좋은 일 궂은 일 이내 눈치채고
위로와 안부로
마음 편하게 해주는
늘 보고 싶고 안부 염려하며
할 말이 없어도
그냥 곁에만 있으면 좋은 그 친구

꽃바람 꽁무니 잡고
함께 뒤쫓아가는 풍경소리 같은 친구

가을비

추적추적 내리는 가을 빗속의
가로등 아래를 지날 때면 불현듯
못 잊을 회상들 차례로
가슴 안을 허문다

살아오면서
나를 빼앗긴 그리움들의 공허함과
수많은 고통과 시련의 생활들이
혹은 오늘의 나를 잊게 한 인연들이
빗속에 물방울로 무늬지는 한밤

어디선가 누군가 또 다른 삶의
추억을 만지고 있듯이 한 균열로 오는
오오, 수많은 날들의 추억처럼
이 밤을 종일 내리는 비

빗속의 우울을 닮은 나의 자화상이
한 불멸처럼
마음 안에 거룩하게 기억되는
한 사람의 이름이여

회상

오늘은 낯선 물때를 읽고
갈매기들 무리로 서녘으로 이동하는데
포구에 매여있는 게으른 빈 배들
아침을 재촉하는 어제 그쯤의 해안선 아래서
아직도 고요로 미동도 않는구나
하루의 일과를 먼저 읽고
공중돌기로 아침해를 맞이하는 수평선 부근
돛선 하나 앞서가는
금빛 무늬의 물결의 무늬와
초점 잃은 바람의 눈길처럼 흔적을 남기는데
가끔씩 나의 기억을 일으켜세우듯
그림자를 두고 꿈속으로 저어오는 유년의 봄
오늘도 먼 시공 속으로
한정없는 날개로 유영하는
그대와의 한시절처럼

산과 들

너는 그리도 정중한데
바람은 아직도 봉오리마다
무성한 밀림으로 혈관을 부풀리는구나
굽이진 협곡마다
세월처럼 다른 형상의 나무와 숲들

보아라
저 먼 평야에서
힘찬 맥박의 바람들이
푸르름으로 종일 우는구나

초록의 바람이 입질하는 여문 산과 들
서로가 분주히 왕래하는 그곳
오늘도 세월에 길들여진 중생들이
아슬한 하루를 계산하며
내일을 모르는 삶을 위해
비탈로 비탈로 인생의 곡예처럼 걷는구나

꿈의 잠

우리는 서로를 면밀히 알 때면
이미 죽을 때가 된다
맨 처음의 나를 일으키려 좀은 작고 비좁아도
회고록을 꺼낼 때쯤
마무리된 문자의 의미는 이미 복원할 수 없고
쓸쓸히 몸을 만지는 무수한 검버섯들
신체의 일부는 이미 질서를 버리는데

처음의 나의 곁에서 나를 옥죄며
행선지를 아슬히 비켜간
너와 내가 보이고, 오, 눈부신 현기증이 앞서가듯
미리 나를 해부해 보면 이 시각 어쩌나
현실은 자꾸만 나를 앞서 갔으므로
처음부터 우리가 서로의 순수를 열었으면
얼마나 아름다운 삶이었을까

서로를 경계하며 혹은 혼동하는 사이
이미 우리는 저승의 문턱에 있다
오오 세월이여, 꿈이여

가을 들풀

누군가 허공에서 부질없는 몸짓으로
간헐적으로 이름을 불러보는 계절
비바람 태풍에도
우뢰와 뇌성벽력에도
흔들림 없는 굳건함으로
지켜온 작은 영토
어느덧 갈바람에
사철 갈무리한 밀어들
유언처럼 간직하며
하늘로 하늘로 손 흔드는
그리는 몸짓들
지금은 빈 바깥에서 단정한 차림으로
일시 정지의 순간을 보며
해체되는 자기를 가슴앓이로 지켜보는
가을 끝자락의 만추

시계

왼종일 정확한 수신호로
서로의 갈 길을 안내하며
철저히 자기를 다스리는 옹고집
하나의 의미를 단련시키며
현재를 고백하며
한세월의 그늘과 양지를 겨냥하며
올곧을 역사를 위해
어김없이 세상에 남기는 뿌리
오늘 그 울음 24시로
세상과 소통하다

늘 희망 같은 하루

우리가 어떤 이유로 서로의 마음을 기웃거릴 때
더 높은 절대의 희망을 기리며
살아온 이력만큼 평온으로 위로하는 오늘
헝클어진 하루를 단속하며
완성으로 가는 미래는 아직도 오리무중인데
이 아침을 기리는 모든 것들이
자신의 비밀한 마음을 숨긴 채 완벽을 꿈꾸며
피붙이의 전송을 받으며 출발하지만
시작과 끝은 늘 반대편에서
서로가 톱니바퀴처럼 맞물려
한 울음같이 하루를 건너간다
뜻대로 되지 않는 또다른 희망 하나를 간직하며
치밀한 내일의 아침을 건너는
저 건널목의 무수한 사람들
오늘도 빨강 파랑 노랑의 수신호처럼
부지런히 하루를 섬기며
서로의 희망으로 닿는 이정표

| 해 설 |

상징성의 변별력을 가미한 유미적인 시편

– 박무길 시집「지평으로 서는 풍경들」

시인 崔東川

상징성의 변별력을 가미한 유미적인 시편

– 박무길 시집 「지평으로 서는 풍경들」

시인 崔東川

우리의 현대시의 발전사는 여러 각도에서 실험 조명해본 다양한 시들이 촉매제 역할을 한 것은 분명해 보이나, 시인 개인이 가지는 문학적 깊이나 내용면에서 주제와 소재들을 적절히 운용하는 시인의 그릇이나 인성이나 품성, 그리고 삶의 과정이 하나의 시적 화자의 상징성으로 발현된다는 데 이견이 없을 것이다. 이렇게 본다면 박무길 시인은 긍정적인 사고로 더불어 함께 하는 인간애적인 사랑 속에서 갖가지 유형별로 시적 가치관을 지니는 시들을 생활과 자연을 접목시킴으로써 보다 진전된 발상과 구성적 요건을 더욱 튼튼히 한 시인으로 보인다.

혈기 왕성한 사내들이 벌거벗고
뒤엉켜 일광욕을 하고 있다

여름내내 땡볕에 몸 달군
핏기 아릿한 속살들

온 세상에 다 까발리고
시위하듯
하늘 높은 줄 모르고 곧추서고 있다

오장육부까지 벌겋게 익은 몸
얼마나 매울까
사내의 거시기처럼

———「태양초」 전문

이 시는 회화적 요소와 의미적 요소로 이루어진 공감각적인 시이다. 우선 시각적 이미지image가 이 시의 전 연체를 압도하고 있다. 그리고 곳곳에 내용미로 환원되고 있는 은유metaphor가 이 시의 상징성의 높이를 더하고 있다. 일종의 고추의 종류인 태양초를, "혈기왕성한 사내들이 벌거벗고" "여름내내 땡볕에 몸 달구며" "하늘 높은 줄 모르고 곧추서고 있다" "얼마나 매울까" 등이 그것이다. 흔히 우리가 여담으로 자주 회자되는 고추를 남성의 심볼인 성기로 비유하며 에로티시즘eroticism에 접근한 시로, 발상적 전환이 되는 신선한 비유로 전연을 이끌고 있는 이 시는 예리하고 노련한 시어들을 각 곳에 유효 적절히 배분함으로써 이 시를 더욱 빛내고 있다.

1연인 "혈기왕성한 사내들이 벌거벗고/ 뒤엉켜 일광욕을 하고 있다"는 주렁주렁 매달린 빨갛게 익은 고추들을, 그리고 2연인 "여름내내 땡볕에 몸 달군/ 핏기 아릿한 속살들"은 알맞게 익은 고추의 싱싱함을, 그리고 3연인 "온 세상 다 까발리고/ 시위하듯/ 하늘 높은 줄 모르고 곧추서고 있다"에서 시적 내용미의 절정을 이루고 있다. 구성적 발아에서 탄생된 수사와 묘사적 의미가 일미를 더하는 이 시는 4연의 "오장육부까지 벌겋게 익은 몸/ 얼마나 매울까/ 사내의 거시기처럼"에서 일련의 의미적 요소를 해학과 풍자로 마무리하고 있어 다양한 여러 소리들을 접목시켜 주지와 볼거리를 함께 제공하고 있는 맛있는 시로 평가하고 싶다.

현대시의 기본이 되는 압축과 절제, 간결미를 교과서적으로 운용함으로써 아포리즘aphorism의 시 세계의 정수를 보듯 가편이다.

빛깔과 무늬가 화사한 꽃들이
사람들의 선택을 기다리며
가지런히 진열되어 있는 꽃집의
오월 화사한 날
한 여인의 어두운 표정이
꽃을 닮으려 거울에 비친
자기 모습을 보고 있다
언제나 바깥으로 속삭이는
비좁은 그의 생각이
갈증처럼 꽃을 들여다보는 순간
꽃이 될 수 없는 그녀의 상처 깊은 우울이
한 비련처럼 쓸쓸한데
잊지 못할 이별 같은 한 사람을 생각하며
가지런히 정렬된 꽃들이
일제히 울음을 터뜨리는 오후
자기 안에 무수히 닿아있는 추억들과 함께
그녀는 화사한 일요일의 오후를 버린다

———「꽃과 여인」 전문

흔히 꽃으로 비견되는 여인을 도입하여 꽃과 여성의 상관관

계와 마음 안의 감성과 심성을 예리한 관찰력으로 현재를 복원하며 독백체의 모놀로그monologue로 재생시킨 이 시는, 꽃과 우울한 한 여인을 대입시키며 종국에는 자기 환원의 중심에서 꽃을 형성화하며 자신을 닮아간다는 착각과 착시현상을, 자신의 심리적 상태를 간접 표현 유화시키는 주지적 내용미를 담고 있다. 현재의 자신의 심경을 버리고 꽃처럼 화려한 부활과 변신을 꿈꾸지만 외려 꽃 안에서 더욱 쓸쓸하고 외로운 자신의 자아를 발견하고는 실망하는 자신을, 8행~12행에서 극명하게 대비시키고 있다. "언제나 바깥으로 속삭이는/ 비좁은 그의 생각이/ 갈증처럼 꽃들이 들여다보는 순간/ 꽃이 될 수 없는 그녀의 상처 깊은 우울이/ 한 비련처럼 쓸쓸한데"가 바로 그것이다.

이 시의 화두는 당연 우울 안에 잠재의식으로 남아있는 추억, 즉 그리움이나 회상이다.

본연의 자신을 위안 받으려다 오히려 더욱 상처받고 심란하게 돌아서는 개연성도 함묵하고 있는 이 시는, 어쩌면 힘들고 어렵고 고통스러울 때 대자연 안에서 자신의 본연의 희망과 목적의식, 그리고 유토피아utopia를 찾아가려는 나약한 인간의 심리적 의식을 적나라하게 표출한 시로, 종국에는 자신의 의사와는 상관없이 각기 별개의 자연으로 삶을 유지하는 인간과 자연이 결코 절대적인 한가지의 절실한 명분으로도 함께 할 수 없다는 현실적 한계론을 숙명적으로 거론하고 있다.

마지막 4행인 "가지런히 정렬된 꽃들이/ 일제히 울음을 터뜨리는 오후/ 자기 안에 무수히 닿아있는 추억들과 함께/ 그녀는 화사한 일요일의 오후를 버린다"며 비극적으로 표징하고 있다. 부연해서 말하자면 태생적 한계는 자신만이 극복할 수 있다는 주지적 개념을 우회적으로 묘사하고 있는 것이다.

시의 난해성을 극복하며 초지일관 하나의 주제를 중심으로 소재들을 풀어가는 과정은 참으로 압권이다.

달력 한 장을 떼어내자 세상에 숨어있는
산소들이 뼛속까지 발광체로
저마다 손 흔들며 아는 체를 했다
얼마나 많은 세월과 시간들을 속앓이하며
그늘진 곳에서 엉겨 있었을까
곰팡이 핀 숫자들 사이로
몇 개의 중요한 날들을 동그라미 치면
미처 선택받지 못한 일력들이
구석에서 상처받은 눈으로 쳐다본다
얼마쯤 시간이 지나자
나의 눈을 어지럽히는
근처의 모든 것들은 쓰러지고
또 하나의 숫자
맹숭맹숭한 나의 심장을 들여다보는 사이
이쯤서 들키지 않은 내가 포기해 둔 숫자들이
암호 같은 부호들로 나를 일으켜 세운다
하나의 명분을 앞세우며
새로운 달력의 중심에서
부활을 꿈꾸는 내가 어렴풋이 보인다

———「달력 한 장」 전문

이 비연시가 갖는 시적 매력은 우리들 생활 주변이나 혹은 일상 속에 보이지 않게 마음 안에 숨어있는 모든 것들의 의미적 요소를 함축하고 있다. 그것이 생물이든 무생물이든 혹은 마음 안에 가지는 생각이든 우리는 자기주체의 세계에서 가시권에 있는 모든 것들로부터 어느 날 문득 그것들로 인해 자연을 감별하며 뒤돌아보아지는 기회를 가지는 여러 사유들을 이 시는 호소력 있게 진전시키고 있다. 어쩌면 느낌feeling의 변화varaition를 추구 관찰하려는 이 시에서 우리는 더불어 함께 하는 소외된 모든 것들도 하나의 의미를 가지는 존재론으로 새로운 발견을 가지게 되는 것이다.

이 세상의 주체는 분명 나이지만 나 이외에도 살면서 살아가면서 상징성을 가지는 여러 구조물이나 미물들, 더러는 무생물들의 입자까지 돌아보게 되는 계기가 되는 이 시는 내용미가 매우 심플simple하다. 특히 첫행부터 5행까지의 시행들, 즉 "달력 한 장을 떼어내자 세상에 숨어있는/ 산소들이 뼛속까지 발광체로/ 저마다 손 흔들며 아는 체를 했다/ 얼마나 많은 시간들을 속앓이 하며/ 그늘진 곳에서 엉겨 있었을까"는 이 시를 이끄는 모티브로 우리가 알 수 없는 곳에서, 혹은 환경적 변화에서 미처 감지하지 못하고 인지하지 못하는 상황에서 함께 하는 모든 실체를 함축하고 있다. 일견 어느 순간 주의 깊게 모든 사물들을 관찰하며 하나의 명분으로써 인정하는 현실론의 이 시는 환유법을 도입하여 현재의 자신의 심경적 변화를 상상력으로 복원하는 데 초점을 맞추고 있다. 그리고 이 시에서는 시간-세월-공유-부활이 함께 하는 작은 역사도 함께 회자하고 있다. 그리고 결구에서 자신을 돌이켜보는 미래의 부활론을 생경하게 매듭지음으로써 현대를 우선하는 삶의 표준을 직시한 현재진행형의 시로 평가할 만하다.

깊은 밤 봉창너머
수많은 은하수 무리들
빠르게 흘러가는 유성 사이로
미동도 않는 북극성

여름날 학동시절
'평상에서 어머니의 옛이야기로
새벽잠 설치며'
꿈속에서 미래를 보던 그별

지금은 광활한 하늘에
한 사랑처럼 외롭게
저 홀로 온 밤하늘을 지키고 있는 나의 별

사막이나 밀림 속에서 길 잃은 자들이
물어 물어 생명을 구원하려
애써 찾던 북극성, 그 별

———「별 하나」 전문

이 시에 있어 북극성은 희망을 일컫는 화두로 명징짓고 있다. 즉, 붙박이 별인 북극성을 도입하여 미래를 위한 희망적 사안과 꿈과 이상으로 대별시킨 소싯적 시절을 언급하며 자신의 과거를 찾아가는 과정을 심도 있게 밀도 있게 순환의 원리로 재생시키고 있다. 학동시절을 도입하여 어머니와 평상에 누워 미래의 희망 하나를 예견하며 꿈꾸던 별인 '북극성'을 동화적 의미로 화자에게 과거와 현재 미래를 망라한 마음만의 절대적인 미래관을 단호히 설정한 상징성을 가진다.

그렇다. 1연의 4행인 "미동도 않는 북극성"이 바로 그것이다. 철없는 소싯적 시절이나 지금이나 오직 변하지 않는 미래의 희망 하나를 전면에 연계된 절제된 시어와 탄력적 표현미로 상승적 효과를 이끌고 있는 이 시는, 어쩌면 현실의 생활과 아직도 안정치 못한 자신을 더욱 단호하게 단련시키는 의미도 함께 가지는 잠언적 시로 평가할 만하다. 여기서 주목할 것은 첫 연의 결구인 "미동도 않는 북극성", 2연의 결구인 "꿈속에서 미래를 보던 그 별" 그리고 3~4연의 결구인 "저 홀로 밤하늘을 지키고 있는 나의 별" "애써 찾던 북극성, 그 별"로 이어지는 일련의 세월을 회자하며 시간과 세월의 연대를 강조하며 변하지 않는 한마음의 일치로 가는 꿈과 이상을 마무리짓는 오직 변하지 않는 희망 하나를 더욱 극명히 한 점이다. 동어반복어가 아니더라도 그 별 하나를 일정한 위치에 시어로 고정함으로써 강조법의 기법으로 내재율의 효과도 함께 가지는 시행들이 시인의 수준 높은 시적인 높이를 말해 주고 있다.

> 어느 날 생각 하나를 아득히 짊지고
> 골몰한 시간에 잠긴다
> '시계는 살 수 있지만 시간은 결코 살 수 없듯이'
> 오늘 하루 나는 무엇으로
> 최선을 다했는가
>
> 목적한 해답은 결코 나오지 않고
> 나를 옥죄는 이 시간 이후의

암호 같은 불안한 시각

이윽고 나를 지키는 모든 것은 떠나고
아직도 물음 하나의 화두로
오리무중인 나의 출구는
꿈속으로 머물고 있는데

나의 회상처럼
오후 3시 10분의 비둘기 한 마리
아까부터 교차로의 신호등을 붙잡고
빨강 파랑 노랑의 울음 울다

——「이 시각」 전문

공시적共時的 효과를 극대화한 이 시는 하루의 시간을 세분해서 각일각의 시간들을 회상하며 자기반성으로 방황하는 현대인이 가지는 복잡다단한 생활적 요소와 시간에 쫓기는 일상적인 여러 사유와 자신도 어찌할 수 없는 상황적 일상의 변별력을 시의 적절하게 묘사하고 있는 시로, 어쩌면 매너리즘 mannerism의 시각적 요소를 극복하며 정신적으로 자신을 단호하게 구원하려는 요소도 함께 하고 있다. 즉 맨 끝연이 그것이다. "나의 회상처럼/ 오후 3시 10분의 비둘기 한 마리/ 아까부터 교차로의 신호등을 붙잡고/ 빨강 노랑 파랑의 울음 울다"는 현재를 극복 못하고 이 시대를 방황하는 삶의 인식을 함께 가진다. 수신호의 의미로 대별되는 위험의 멈춤과 제자리로 돌아감과 통과를 의미한 색상 도입은 시인의 뛰어난 감각적 혜안으로 이 시의 효과적 상승미를 더하고 있다. 안정치 못하는 자신의 현재와 복잡다단한 현실사회에서 시간에 쫓기며 사는 심정을 극명하게 대비시키고 있는 빼어난 수사미가 돋보이고 있다.

각 연의 결구인 "최선을 다했는가" "암호 같은 불안한 시각" "꿈속으로 머물고 있는데"는 각연을 이끄는 동기부여와 현재의 상황을 계속 인식시키며 이 시의 높이와 깊이를 더하고 있는 절묘한 타이밍의 시행이다. 시적 상승적 효과를 조율하고 있는 시행들이 서로의 다른 이유와 방황을 제시하며 우울과 갈등, 불안과 합일로 가는 과정이 단연 압권이다. 일각의 시각적 의미가 주는 전연체의 변환적 이미지는 공감각적 synesthetic로 마무리 되고 있지만 표제어가 주는 상징성과 결구의 의미는 현대를 살아가야 하는 우리 모두가 고민할 사안이라 더욱 우리들의 마음을 숙연케 하는 시로 분류할 만하다.

항시 언제 어디서든지
조용한 말씀으로
현재를 다독이시던 어머니

어떠한 난제라도 우리 형제들에게
함께 하는 해결책을
웃머리에 두시던 어머니
언제나 문장 가득히
교훈적인 말씀으로
가난과 배고픔의 시련의 시절에도
굳은 심지로 든든한 용기를 주시던 어머니

그 어머니 너무 크시고 넓으신
품 안의 정靜한 말씀
후제 어느 자식 어느 뉘가
옛이야기처럼 들려줄까

———「어머니」 전문

시詩 뿐만 아니라 여러 문학적 장르에서 언급된 표제어를 시인은 요소마다 빼어난 시어와 넓고 깊은 교훈적 의미를 접목시킴으로써, 우리의 전통적인 유가사상에서 중심이 된 모정에 대한 효孝의 상징성을 가미시키며 절제와 압축과 간결미가 돋보이는 시로 승화시키고 있다. 직유시의 형태를 취하면서도 과장법hyperbole 없이 전연을 여과순화한 각연의 의미는 발상과 그 전개가 정서sentiment적 의미로 개연성을 가지는 점층법 형식으로 마무리 짓는 특징성을 지니고 있다. 과거와 현재 그리고 미래가 함께 공존하는 이 시는 모정에 대한 각별한 예찬과 그리움으로 정감 넘치는 시어들의 표현미가 신선한 비유로 참신성을 더하고 있는 가편이다.

세분하자면 1연의 3행 "현재를 다독이시던 어머니", 2연의 7행 "굳은 심지로 든든한 용기를 주시던 어머니"의 높은 뜻과 자식사랑에 대한 각별한 의미를 초로의 시인 이후의 세상에 누가 결구인 "옛이야기처럼 들려줄까"하며 사무치는 그리움을 억제하지 못하는 대목에서 우리들은 모두들 옷깃을 여미게 한다.

여기서는 사실적인 주체를 어머니와 자신, 그리고 후대, 즉, 삼대를 언급하며 어머니에 대한 지고한 사랑을 표출하고 있는 시인의 진솔한 마음이 여과없이 표징된 시적 수사에 감탄할

뿐이다.

모두 다 떠나고 홀로 남은 빈 들녘
이슥고 비명처럼 노을이 지고
성자처럼 홀로 서있는 허수아비 몇 개
바람이 흔들어도 새들의 놀이터가 되어도
묵묵부답으로 있다

시간이 더하여 그의 하체가
밤의 어둠으로 사라질 때까지
미동도 않는 적요와 함께
시름에 들고 있는
얼룩진 상처의 쇠잔한 풍경들

근처의 모든 살아있는 신기들은 어디로 갔는가
한 해를 이룩한 모든 것들은 어디로 갔는가

수확과 결실을 부지런히 챙긴
승자의 저– 편안한 안위여
비로소 가벼워진 그대의 소식만큼
이따금 꿈속으로 오는 허상들
온 지평에 물구나무로 서다

———「지평으로 서는 풍경들」 전문

우리가 살아가는 동안 양식이 되는 먹거리를 생산하는 들녘을 이 시에서는 대지의 평면인 지평地坪으로 명시적으로 묘사하고 있다. 1~2연은 다각적인 의미를, 3연은 주지적 내용미를 회자한 이 시는, 결실과 수확으로 한해를 마감한 광활한 들녘의 여러 풍경들을 서사시적인 면모로 인용한 소재들이 한 폭의 수채화를 보듯 명상까지 갖추고 있다.

그리고 긴 해가 하루를 더하고 마감하는 2연에서는 고요한 정적의 풍광들이 어울려 뜻과 보람을 함께 하고 있지만, 더러는 한해의 처절한 노동이 남겨놓은 마감 이후의 현장이 마치 살아있는 생물처럼 생동감 있게 눈에 보일듯 선한 것은, 또다시 계절이 가고 봄이 오면 새로이 발효하는 농작물들을 경영하며 튼실한 의지와 노동으로 도약을 꿈꾸는 보이지 않는 비약의 실체를 은근히 여운으로 남겨놓고 있다. 2연 5행의 "얼룩진 상처의 쇠잔한 풍경들"이 바로 그것이다.

그리고 4연에서는 모는 것들의 소멸 이후의 공허함과 계절이 주는 스산함을, 그리고 풍요와 풍성을 주는 실체를 불러보며 피와 땀과 의지력을 함께한 한해를 아쉬워하는 존재론적 의미로 서경화하고 있는 시어들이 눈부시다. 그리고 3연의 "수확과 결실을 챙긴/ 승자의 저-편안한 안위여"에서 보듯 최선의 노동으로 이룩한 삶의 수확을 흡족해 하는 진정한 농부의 심정을 대단원으로 이끈 시인의 예리한 감각적 표현미에 주목할 필요가 있겠다.

그리고 한시절의 고난을 회상하며 결구 짓는 마지막 연에 이르는 시행들은 이 시의 대미를 장식하며 감성으로 오는 인간적인 열락을 표출한 시어로 표제의 시의 상승적 효과에 일미를 더하고 있다고 보아진다.

굳게 잠긴 녹슨 자물쇠 하나가

나를 노려본다

이유를 말하지 않은 채 언제부턴가
입 앙다물고 노려보는
저- 소름 돋는 광기

그 안에 무슨 비밀한 사연을
옹고집처럼 감추었을까
비굴한 모략과 중상 가두어놓고
기회만 저울질하고 있을까
혹여 세상을 바라보지 못할
양심을 가두어놓고
한 적의를 꿈꾸고 있을까

언제나 비밀스런 그 집 앞을 지날 때면
소름 돋는 녹슨 자물쇠 하나가
원수의 입처럼
입 앙다물고 노려보는
저 집의 임자는 누구일까

———「자물쇠」 전문

이 시는 견고하고 비밀한 그리고 소통을 거부한 고집불통의 내용적 이미지를 함축하고 있다. 회화적 요소를 가지는 이 시는 시행에서 보듯 "입 앙다물고" "저 소름 돋는 광기" "옹고집" "한 적의를 꿈꾸고 있을까" 등으로 대별되는 관심의 초점을 의미적으로나 산술적으로나 풀리지 않는 수수께끼 같은 물음표로 전연을 이끌고 있다. 그리고 여기서는 하나의 독립된 시의 주지로 양립되는 자물쇠와 빈집을 도입하여 서로를 보완해 주는 역할 재생론으로 하나의 여운을 남겨두고 있는 것을 주목할 필요가 있겠다. 우리가 자물쇠를 열면 내부를 다 알 수 있지만 빈집은 모든 것을 다 볼 수 있어도 나름대로 이유를 모르는 과거를 갖고 있다. 시인은 이 신비적 요소를 주목하고 있는 것이다.

자물쇠 안의 모습과 이미 개방된 빈집의 실체를 이분법적 요소로 추적하는 시인의 긴장을 우리는 주의 깊게 관찰할 필요가 있겠다. 서로가 갖고 있는 이유와 변명과 사연은 곧 유추할 수 없는 과거와 결코 보일 수 없는 신비의 자극적 요소로 작용하기 때문이다. 그리고 종국에 우리의 마음 안에 깊이 각인되는 것은 다같이 하나의 존재감으로 나름대로 상생하기 때문일 것이다.

관념적이고도 논리적인 비약을 삼간 채 이 시는 동기부여를 결어로 남기지 않고 그 어떤 뉘앙스nuance로 남겨두고 있는 점에 유의할 필요가 있겠다.

우리 인류가 수많은 역사를 겪는 동안 자물쇠로 대별되는 잠금장치는 어느 시대이든 비밀과 속박과 구속으로 회자되며 존재했기 때문이다. 그리고 열린 집을 회자하며 실체로 이끈 것은 우리가 가지는 삶의 안과 밖을 명시적으로 거론하며 결코 결론에 도달할 수 없는 우리의 정신 안에 감금된 순환적 원리를 에둘러 표현한 것이리라. 이 세상을 사는 우리들은 자물쇠처럼 꽁꽁 묶여 있어도, 혹은 누구라도 다 볼 수 있게끔 열려 있어도 우리가 가지는 비밀적인 호기심으로 간직한 의아심은 늘 물음표로 간직될 것임은 분명해 보인다. 아마 프로이드의 정신분석학에서 그 상상력imagination을 유추해 볼 수밖에 없겠다.

그는 도무지 표정이 없다
정녕 아무것도 생각하지 않는 것일까
언제부턴가 잃어버린 자기를 찾고 있는 것일까
아니면 아무도 모르는
커다란 수작을 꿈꾸고 있는 것일까
아니다 말없이 모른 체해도
결코 생각이 없을 리 없다
너와 나도 보잘것없는 생각과 계산으로
하루해를 셈하는데
무슨 편린을 가지느냐
도대체 내일을 알 수 없는 우리가
그의 말없는 궁리를 어찌 예측한단 말인가
수많은 언어를 가지고도 내색하지 않는
그의 깊은 꿈은 무엇일까
도무지 알 수 없는 그의 속셈을 꺼낼 수는 없을까

———「바보」 전문

이 세상에서 가장 행복한 것은 하늘의 조화로 이루어진 자연이라고 다들 말한다. 원론적인 이유는 결코 구속받지 않는 자유와 시련과 고통을 의식하지 못하는 태생적 순수한 평화를 소유하기 때문이리라. 그렇게 본다면 시인은 이 시에서 가지는 명료한 주체를 시간적인 개념과 일상의 생활을 떠나 모름으로써 더욱 편안한 하나의 슬기로 바보를 지칭하고 있다. 어쩌면 위대한 감각을 지닌 또 다른 실체를 가지면서도 내면을 감추고 위장과 허세로 또 다른 궁리로 우리를 앞서가는 하나의 인간상을 추적하면서, 현존하는 갖가지 모습의 인간들을 도외시하고 자연과 같은 순수한 감각과 품성, 그리고 내성을 소유한 참인간상을 가진 자를 '바보'로 잠정 설정하고 그에 대한 참인생과 인간상의 과정을 예리한 관찰력으로 수사하고 있다.

15행의 이 시에서 우리는 꼭 '바보'라고 명징짓지 않는 다수의 사람들을 지칭하는 모범 답안을 인식해야 한다. 즉, 이 시대 이 세상의 갖가지 편견을 말없이 감내하고 순응하여 현실을 인정하고 자신만의 희망과 비전을 위해 각고의 노력으로 수많은 난제들을 극복하며 이 세상을 살며 그게 인생이 가지는 절대적인 자유요 평화라고 믿는 말없는 다수인, '바보'들이 이 세상을 이끌며 지배하고 있다는 긍정적인 사고방식을 내면에 깔고 있는 이 시는, 물질만능주의와 이기주의, 유아독존적인 사고방식을 신랄하게 간접 비판한 시로 너와 나로 대별되는 인간의 한 구조를 면밀한 혜안으로 바라본 참인간, 참인생을 주지시키는 시로 평가할 만하다.

이 시집에서 박무길 시인은 존재론에 대한 여러 사실적 현안과 체험적 생활을 바탕으로 이 세상에 대한 여러 삶의 표징과 하나의 사연에 대한 고통적 치유를 통해 일회성을 극복한 인간애적인 기능성을 연관짓는 시들의 치열성으로 여러 변별력을 보이는 시들이 주류를 이루고 있다. 이후 더욱 발전적 시들도 승부함으로써 우리 시단에 더욱 역량 있는 시인으로 자리매김할 것은 분명해 보인다.

이 도서의 국립중앙도서관 출판예정도서목록(CIP)은 서지정보유통지원시스템 홈페이지(http://seoji.nl.go.kr)와 국가자료공동목록시스템(http://www.nl.go.kr/kolisnet)에서 이용하실 수 있습니다.(CIP제어번호: CIP2015031870)

박무길 시집

지평으로 서는 풍경들

인쇄일 | 2015년 11월 20일
발행일 | 2015년 11월 26일
지은이 | 박무길
펴낸이 | 최장락
펴낸곳 | 도서출판 푸름사
주　소 | 부산광역시 부산진구 부전로 35, 301호(부전동, 삼성빌딩)
전화 : (051)805-8002 팩스 : (051)805-8045
이메일 : doosoncomm@daum.net
출판등록 제329-2009-000010호

값 10,000원

ISBN 978-89-94839-13-4 03810